本気で勝ちたい人は
やってはいけない

Takuya Senda
千田琢哉

Underdoing something is better than overdoing something

青春出版社

まず考えよう

なぜ、あなたは頑張っているのに「結果」が出ないのか——。

過剰は不足より罪が重い

これまで私が出逢ってきた3300人のエグゼクティブ、1万人以上のビジネスパーソン、そして私自身の人生を振り返ってみると、こう断言できる。

過剰は不足より罪が重い。

あなたの企画が通らないのは、企画書が薄いからではない。
あなたの企画書が分厚過ぎるために時間泥棒と思われて、忙しい相手に嫌われるから企画が通らないのだ。

あなたの商談が成立しないのは、説明が不足しているからではない。
あなたの説明が退屈極まりない上に長過ぎるため
睡魔が襲ってきて、眠いのにいつまでも話を聞かせられ
相手をイラつかせるから商談が成立しないのだ。

ここでダメな人は、

「もっと頑張らないと！」

と間違った方向に努力して、より企画書を分厚くしたり、
より詳しくて力の入った説明を長々としたりする。

もちろん間違った方向に努力すればするほどに、
ますます周囲に嫌われ続ける。

こうして人生は負のスパイラルに突入していくのだ。

あなたの周囲で結果を出す人を虚心坦懐《きょしんたんかい》にじっくり観察してもらいたい。
無駄な動きが少ないはずだ。

超一流のアスリートたちは無駄な動きが少ないように、

超一流の結果を出し続けている
ビジネスパーソンたちも無駄な動きが少ないのだ。

それは彼らが言語化できるかどうかは別として、過剰は不足よりも罪が重いことを知っており、知っているだけではなく

行動に落とし込み、習慣化することに成功したからなのだ。

確かに企画書の書き方を熱心に勉強する時期は不可欠だし、商品知識を詰め込むこともプロとして大切なことだ。

だがいくら模範解答通りに努力しても報われない状態が続くのなら、

次は努力の方向を逆にしてみることだ。

ブクブク太った企画書がダメなら、
今度はスリムな企画書を目指すことだ。
ギトギトした話し方がダメなら、
今度はサッパリした話し方を目指すことだ。

本書はこれまでたっぷり量をこなしてきた努力家が
結果を出すために書いた。

量をこなして行き詰まったら、
思い切って〝削ぎ落とせば〟、あなたの人生は変わるのだ。

2017年8月吉日　南青山の書斎から

千田琢哉

Contents

本気で勝ちたい人は
やってはいけない

CHAPTER

1

仕事で「やってはいけない」

CHAPTER

2 時間で「やってはいけない」

CHAPTER

3 自分に「やってはいけない」

CHAPTER 4

お金で「やってはいけない」

CHAPTER

5 人脈で「やってはいけない」

CHAPTER

6

恋愛で「やってはいけない」

CHAPTER

7 人生で「やってはいけない」

本文デザイン　二ノ宮 匡（ニクスインク）
ＤＴＰ　ハッシィ

CHAPTER

1

仕事で「やってはいけない」

01

一発狙わない。

私はこれまでに様々な業種業界で組織を見てきたが、
こんな共通点が浮き彫りになってきた。

一発狙ってばかりいる人は、トータルで見ると決まって成績が悪いということだ。

最大瞬間風速はそこそこの実績を残して周囲を驚かせることがあっても、
長い目で見れば組織内では平均未満の落ちこぼれに過ぎないことが多かった。

奇跡の一発によるハロー効果で周囲を騙《だま》せるのも時間の問題で、
しばらくすると窓際に追いやられた挙句、
悲壮感たっぷりの背中で組織を去ることが多かった。

そこで私はどうして彼らがいつも奇跡の一発ばかりを狙うのかを直接ヒアリング
してみたところ、彼らは単に怠け者で熱意がないことに気づかされた。
怠け者で熱意がないから普段はサボっている。
普段はサボっているから仕事の結果も出せない。

だから一発狙わざるを得ないのだ。

真実というのは、いつも呆《あき》れるほどにシンプルなのだ。
一発狙っている人は、一見熱く見える。
なぜなら普段からサボっている自分を隠蔽《いんぺい》しなければならず、
声の大きさや大言壮語でその場を凌《しの》がなければ生きていけないからだ。

本当に仕事ができる人は最初から逆転満塁ホームランを狙わない。
淡々とヒットを打ち続けて、とにかく確実に塁に出ることを目指す。
淡々とヒットを打ち続けるうちに、
たまにホームランを打てればいいと考えているのだ。

私が脱サラした際には、まずは100冊で累計100万部の著者を目指そうと決断した。

02

面白い仕事だけを選ばない。

「好きなことだけをしていれば成功できる」というのは、
耳に心地良いがちょっと考えが浅い。

確かに好きなことに没頭して成功する人もいるが、正確には言葉足らずだ。
好きなことに没頭して成功した人たちが決して教えてくれない真実は、
成功するまでは面白い仕事だけを選んでいたわけではないということだ。

たとえば映画監督になることを夢見て、
スタッフとしてこき使われている人たちは数多いが、
彼らは確かに映画という好きなことに関わっているが、
仕事そのものは雑用も多くて面白くないこともたくさんあるはずだ。

否、本当は99％が面白くない仕事だろう。

もちろん面白くない仕事ばかりでは精神的に参ってしまうし、

いいように利用されてポイ捨てされるリスクがあるが、
それでも一度はちゃんとできるようになるまでやってみる価値はある。

なぜなら面白くないことを面白くすることが、仕事の醍醐味《だいごみ》でもあるからだ。

たとえば私はサラリーマン時代に雑用を与えられたら、
そこに制限時間を設けることで自分の頭の中でプロジェクトに変えていた。
どんな雑用でも依頼者の想像を絶するスピードで仕上げれば、必ず出世できるからだ。
普通なら1時間はかかるだろうと思われる雑用でも、15分で仕上げたら絶句された。
普通なら1週間はかかるだろうと思われる雑用でも、翌朝までに仕上げたら
そのプロジェクトのメンバーに参加させてもらえた。

今では膨大な雑用で鍛え抜いた企画力が、
そのまま富に直結している。

03

曖《あい》昧《まい》模《も》糊《こ》とした仕事をしない。

私はこれまでに1万人以上のビジネスパーソンと対話してきたが、驚くべきことに過半数の人たちは何も考えずにのんべんだらりと仕事をしていた。

終業時刻になるのを時計とにらめっこしながら待ち続け、時間になったらまるで囚人のように解放されるのを喜んで目をキラキラと輝かせていたものだ。

組織のレベルが下がれば下がるほどにこの傾向は強く、だからいつまでもパッとしない業績で社会的地位も低いままだった。

では優秀なビジネスパーソンたちはどんな仕事の仕方をしているのか。

それは「誰のためにこの仕事をしているのか」をハッキリとさせているのだ。

「誰のためにこの仕事をしているのか」は、必ずしもお客様である必要はない。

もちろん建前では「お客様のためにこの仕事をしている」と口にしておけばいい。

だが本音では「誰のために仕事をしているのか」を

ちゃんと自分でわかっておくことだ。

尊敬する上司のためでもいいし、大好きな恋人のためでもいい。
誰のためにやっているのかをハッキリとさせておくことで、必ずいい仕事になるのだ。
私がコンサル時代にも必ず誰のためなのかを明確にしてきたし、現在の執筆も同じだ。
もともとこの世の中は渾沌《こんとん》としたものであり、
人類が本質的に解明することは不可能だ。
渾沌とした世の中に〝とりあえず〟秩序や大義を与えることで、我々人類は安心する。

仕事もこれと同じで、そこに「誰のため」を吹き込むことで命が宿る。
私がこれまで出版業界で約10年間細々と生きてこられたのは、
いつも「誰のため」をハッキリとさせて本を書き続けてきたからだ。

もちろん本書も書籍という形のラブレターである。

04

敗因の分析から逃げない。

今だから正直に告白するが、
私はサラリーマン時代から仕事の敗因を分析することが三度の飯より好きだった。

敗因の分析に関する欲求はもはや常軌《じょうき》を逸するほどで、
これまで誰にも口にしたことがないくらいだ。
だから仕事で自他ともに失敗をやらかすと、
周囲が落胆する中で私だけは喜々としてその分析に明け暮れたものだ。

ここ最近「終わったことは今さら考えても仕方がない」という
似非《えせ》前向きな人も増えてきたが、だからこそ勇気を持って敗因の分析をすることで、
あなたはいずれ周囲をごぼう抜きすることができるのだ。

本当に前向きな人は、絶対に敗因の分析を怠らない。
失敗すると誰でも悔しいに決まっている。
だけどその悔しさが本物であれば、もう二度と同じ失敗を繰り返したくないはずだ。

同じ失敗を繰り返したくなければ、死ぬほど敗因を分析するに限る。

敗因の分析にはコツがある。
まず自分が一番認めたくない事実をさっさと認めることだ。

たとえば「知能が劣っていた」「容姿が劣っていた」というのは誰だって認めたくないタブーだが、これらを認めることで一気にそこから先の分析が楽になることは多い。

大切なことは知能や容姿が劣っていたという無機質な事実ではなく、「ではどうしたら勝てるのか」と発想を切り替えて、有機的にあなたの未来と結びつけることだ。

大切なのは才能の大きさではなく、自分の才能のサイズを正確に把握していることだ。

05

すぐに結果が出ることだけをやらない。

このところすぐに結果を求める傾向が強くなってきているが、
これを繰り返すといずれ組織は崩壊する。

歩合制のセールスでもこれは同じで、
すぐに結果が出ることだけをやっている人は必ず息切れする。
すぐに結果が出ることだけをやり続けるという仕事のやり方は、
運に左右されがちだからである。

ひょんなことで国際情勢や政権が変わった途端、時代の流れについていけなくなる。
たまたまブームに乗っかっている間だけはいいが、
ブームが去ると食べていけなくなる波乗り人生だ。

私のコンサル時代には組織が個人商店の集まりのようになっていて、
毎月チームごとに完璧な決算報告書が届けられていた。
人様の組織の経営指導をするのだから、せめて部下を持つリーダーになったら自分のチームくらいは模擬経営しろという意味だ。

私が独立してから一番拍子抜けしたのは、
コンサル時代の模擬経営が実際の経営とほぼ同じだったということだ。
違ったのは部下がいなくなって楽になったことと、
会社に売上をピンハネされないから
そっくりそのまま年収が跳ね上がったことくらいだ。

経営を長続きさせるコツは、すぐに結果が出ることだけをやらないことだ。
起ち上げ当初はそうした仕事もやむを得ないが、
必ずせっせと種蒔《ま》きをしておくことだ。

意識としては種蒔きが9割、すぐに結果が出る
仕事は1割くらいでちょうどいい。

06

急用が入っても迷惑をかけない。

いくら仕事が大切でも、身内に何かがあればそれを優先せざるを得ない。
それは私も十分に理解できる。

だが一流のプロは急用が入っても、周囲に迷惑をかけない人が圧倒的に多いのだ。
たとえば仕事でメルマガを毎日発行している人がいたとしよう。
普通の人は「父が危篤《きとく》なので…」という理由で、
しばらくの間メルマガの発行を休むとしよう。

周囲の人たちも「それは仕方がない。お大事に」と言わざるを得ない。
誰も決して口にしないが、本当は周囲の人たちはとても迷惑しているのだ。
否、この際もっとハッキリ言うと
「仕事のできないヤツだ」という烙印《らくいん》を押されている。

冷静に考えてみれば、その人の父が危篤であることとメルマガが発行できないこと
には何ら接点がない。

もし接点があるとすれば、
万一の場合を想定したリスクマネジメントができていないのだ。

もしその人に多少なりともプロ意識があれば、
メルマガを1週間分、2週間分とストックしているのが当たり前だからである。
そうすれば急用が入っても誰かに送信を依頼するだけでいいから、仕事が途切れない。
以上はメルマガに限らず、
どんな仕事でも不測の事態に備えておくことはプロの世界であれば常識だ。

あなたの周囲をよく観察してみると、急用の多い人と少ない人に分かれないだろうか。

それは本当のところ急用の数は同じだが、
普段の準備力が圧倒的に違うだけなのだ。

07

過去の栄光に酔いしれない。

私のサラリーマン時代に入社早々の新人に近づき、
「俺は昔こんなに稼いでいた」「あのプロジェクトを成功させたのは自分だ！」と、
過去の栄光に酔いしれる〝補欠の先輩〟が社内に複数棲息《せいそく》していた。

毎年新入社員が入るたびに補欠の先輩は喜々として語り続け、
次第に新入社員たちにも実体がばれて誰からも相手にされなくなる。
補欠の先輩は揃《そろ》いも揃って窓際族で、プライドの高い落ちこぼれだった。
私はそれらを目の当たりにするたびに、
「こうなったら人生は終了だな」と反面教師にさせてもらったものだ。

私の意見としてはこうだ。
彼らは本当にたくさん稼いでいたのかもしれないし、
立派にプロジェクトを成功させたこともあるのかもしれない。
しかしそれらがたとえ事実だとしても、人は役割を終えたら黙って去るべきだと。

役割を終えたのに事情があって長居させてもらうのであれば、
断じて過去の栄光を語るべきではない。
過去の栄光を語り続けて誰からも相手にされない惨《みじ》めな人々は、
どこへ行っても嫌われ続けて
ますます人生が負のスパイラルに突入していくのは必至だ。
きっと家庭でも尊敬されておらず、
誰にも話を聞いてもらえないから孤立無援なのだ。

あなたには、これを他人事だと嘲笑《あざわら》ってもらいたくない。
誰もが最初からそんな人生を目指していたわけではなく、
少し道を踏み外しただけだ。

あなたもつい過去の栄光を語りたくなったら、グッと堪えてそれを行動に移すことだ。

08

あなたの役割を忘れない。

これまで私は数々の組織を見て、大勢の人々と対話を繰り返してきた。
その結果、人にはそれぞれ生まれ持っての役割があるとしか言いようがない。
まるで手塚治虫の漫画『ブッダ』のようだが、
人は生まれながらにして何らかの役割を与えられているのだ。

役割と違うことをすれば不幸になるし、役割に合ったことをすれば幸せになる。

トップとしての役割を果たすために生まれてきた人は、
紆余曲折《うよきょくせつ》を経てトップの役割を果たせば自然に幸せになれるのだ。
No.2としての役割を果たすために生まれてきた人は、
紆余曲折を経てNo.2の役割を果たせば自然に幸せになれるのだ。
職人としての役割を果たすために生まれてきた人は、
紆余曲折を経て職人の役割を果たせば自然に幸せになれるのだ。
役割を思い出したければ、自分の小中学生時代を思い出せばいい。

あなたがクラスでどんなポジションで、どんな役割だったのかを思い出そう。
小学生や中学生の卒業文集を読み返してみるのもいいだろう。
両親がご健在であればあなたの子どもの頃の話を聞いてみたり、
旧友と再会した時には昔話に花を咲かせたりするのもいい。
必ずあなたの役割が見えてくるし、ストンと腑《ふ》に落ちるはずだ。

世間体や流行に惑わされないであなたの役割を果たせば、
仕事でもいい結果が出やすい。

日々業務に追われながらもあなたの役割を
脳に微電流で流しておけば、
必ずやあなたは使命に則った人生へと
導かれるだろう。

CHAPTER 1

Key word

一発に賭《か》ける人は、身を滅ぼす。

CHAPTER

2

時間で「やってはいけない」

09

才能がないことにいつまでも執着しない。

人生で最大の時間の無駄遣いは、才能がないことにいつまでも執着することだ。

才能がないくせに執着していると、自他ともに不幸になる。

こんなことを書くと必ず、「自分の好きなことをやっているだけで、誰にも迷惑をかけていないからいいじゃないか！」と興奮する人が登場するが、そんなことはない。

才能がないくせにいつまでも執着している人の痛々しい姿を見せられる周囲の人々は、口に出せなくても本当はかなり迷惑しているのだ。

人を傷つけないようにオブラートに包んで表現すると、才能がないのに執着する行為は景観破壊や大気汚染に近いと思う。

以前芸能界でトップに上り詰めたある人物は、「才能がないのにやっちゃいけない」と述べていたのを目にしたことがあるが、まさにそれと同じだ。

加えてもっと親身になって述べると、才能がないのに執着すると金の亡者たちに都合のいいように利用されてしまう可能性が高いのだ。

どう見てもアイドルにもモデルにもなれそうにない女性のコンプレックスにつけ込み、暴利を貪るといった事件は全国のあちこちで毎年いくつも発生している。

より身近な例では、多くの教育は圧倒的多数の才能がない連中からお金を搾り取ることで才能がある人間の育成に回して結果を出させ、その実績を広告チラシで集客に使って業者はさらにお金を稼ぐのだ。

こうした世の中のカラクリは基本的にこれからも変わらないだろう。

だったらあなたは才能がない分野への執着は潔く手放し、才能のある分野で輝くべきだ。

才能のある分野で輝くと、「生まれてきて良かった」と一点の曇りもなく感謝できる。

10

本命を後回しにしない。

どんな仕事にも優先順位というものがある。

重要な仕事をやっている最中に、同じくらい重要な仕事が入ってきた場合はどうすればいいのか。もちろんこの場合は誰にも頼ることができず、あなたがそれをやらなければならないと仮定する。

答えは簡単である。
今やっている仕事を終わらせてから次の仕事に取りかかればいいのだ。

「同じくらい」重要だと迷うということは、少なくとも今やっている仕事のほうが優先順位は高いということは明白だからである。
もしこれがどちらか一方よりも遥かに重要であれば、優先順位で迷うことはないはずだ。

あるいは頭の中が混乱してきたら、

やるべき仕事を紙に書き出してみるのもいいだろう。
優先順位1位をやっている最中には、優先順位2位以下には目もくれなくていい。
なぜならあなたにとってこの世で最も重要な仕事とは、今まさにやっている優先順位1位の仕事だからである。

私もよく執筆依頼が同時期に重なるが、仕事の依頼がたとえ1秒でも早いほうを優先して仕事を開始するようにしている。
あるいはここ数年はマスコミへの出演依頼や取材インタビュー、講演依頼などはすべて秒速で断っている。

理由は簡単で、それらは私の本命ではない上に私から細々と時間を奪うからだ。

人生は決めるべき本命さえ決めておけば、それ以外はいくら外しても構わないのだ。

11

嫌いなことを嫌々やらない。

生きているふりをしながら、死んでいる人がいる。

それは嫌いなことを嫌々やっている人たちのことだ。
嫌いなことを嫌々やるくらいなら、そんなことはやらないほうがいい。
雇い主にも迷惑だし、お客様にも迷惑だからである。
そして誰よりも、自分自身に対して迷惑なのだ。

どうしてせっかく奇跡的に授かった命を、嫌いなことを嫌々やるために使うのか。
百歩譲って自立して生きるために嫌いなことをやるのは仕方がないと思う。
だが嫌いなことを嫌々やるのではなく、
少しでも楽しんでやろうと工夫を凝らすことは誰にでもできるはずだ。

たとえば刑務所はルーティンワークの嵐だが、
それを嫌々やっている囚人はシャバに出てもやっぱり出世できないし、
うだつの上がらない人生で幕を閉じる。

同じルーティンワークでも楽しんでやろうと工夫を凝らしている囚人は、シャバに出てからも出世しやすいし、何か自分で商売をやっても成功する可能性がある。

ハッキリ言って、過半数の人々にとって本音では仕事は嫌いなものだ。

それをわざわざ口に出す人は少ないが、嫌いな仕事をいかにして自分で楽しめるのかで人生は大きく変わるのだ。

退屈な仕事を楽しむコツは、すでに本書でもいくつか述べておいた。

さらに追加するとすれば、初歩と基礎だけは手を抜かずに徹底的に習得することだ。

最初はどんなに周囲からバカにされてもいいから、初歩と基礎を叩き込んでおけば必ず仕事が面白くなる日が到来することをお約束しよう。

12

睡眠時間を削らない。

コンサル時代の私は顧問先がいかに生産性を長期的に上げるのかについて考え続けてきたが、あらゆる業種業界で結果を出した方法は、
そこで働く人たちに睡眠時間を確保してもらったことだ。

さすがに「よく寝てください」という提案だけではお金はもらえないから、
それらしいことは報告書に並べておいたが、実はそれらは枝葉末節に過ぎなかった。
枝葉末節ではなく根や幹に該当する
本質的に生産性を上げる方法は、決して睡眠時間を削らないことだった。

だから私はプロジェクトの最中に自分が立案した戦略を現場に落とし込む過程で、
必ず従業員たちと面談を繰り返し、
それとなく睡眠時間を聞き出して熟睡の大切さを説いた。
さらに営業部隊には、
「堂々と昼寝ができる自分だけの隠れ家を発掘してもらいたい」とさえ伝えた。

不思議なもので「もっと働け！」「やる気を出せ！」と言われるよりも、「よく眠れ」「サボれ」と言われるほうが大半の人間というのはモチベーションがアップして、一生懸命に仕事をするものだ。

もちろん中には

「千田さんが残業なんてしないで早く帰って早く寝ろと言っていました」とか、「あの人、隠れ家を発掘しろと言っていましたよ」と、上司や社長に告げ口する連中もいた。

だが経営者というのは会社の業績が実際に上がれば、その結果こそ重視するという点でサラリーマンたちとは根本的に違う人種だ。

私の仕事が途切れなかったのは、言うまでもない。

13

他人の時間を奪わない。

仕事では自分から期限を設定しなければならないことがある。

たとえばあなたが取引先に仕事の依頼メールを送り、

それに対して問い合わせがあったとしよう。

その場合に「明日までにメールします」と返す人と

「明日の15時までにメールします」という人に分かれる。

後者の人は仕事ができる人だが、

前者の人は自分が相手の時間を奪っていることに気づいていない。

「明日までに」と言っても、00：00〜24：00まで24時間あり、

相手は一日中ハラハラして待つことになる。

それに対して「明日の15時までに」と言ってもらうと、午前中にあの仕事をやって、

午後にはこの仕事を終わらせようと見通しが立つから、充実した時間を過ごせる。

仕事はこういう小さなやり取りの部分で一流と三流の差が露呈されるのだ。

もちろん「明日の15時までに」と伝えておきながら、昼前にメールが届いてもそれはそれでOKだ。

「お、早いじゃないか！」と相手に一目置かれるだろう。

反対に「明日の15時までに」と伝えておきながら、それよりも遅れそうな場合には、事前に「遅れそうです。17時までにはメールします」と連絡しておけばいい。

決してそれが当たり前になってはいけないが、

「お、珍しいこともあるな」と相手に思わせる頻度であれば十分許してもらえる。

時間を大切にするということは、日に加えて時刻まで正確に指定するということなのだ。

14

「今週か来週」と言って、来週に逃げない。

自分で「今週か来週に一度訪問させてください」と言っておいて、結局来週に訪問する人がいる。

こういう人は一流の人たちからほぼ100％嫌われる。

なぜなら本気で会いたければ、人は絶対に今週を選ぶからだ。

そもそも「今週か来週」という表現が相手の時間を大幅に束縛しており、とても失礼な行為なのだが。

来週を選ぶということは、「あなたは抑えとしてキープしておくから、より優先順位の高い人や用事がキャンセルになったらお願いします」という意思表示に他ならない。

たとえ仮にそうでなかったとしても、そう思われてしまった以上あなたの本心はどうかなど問題ではないのだ。

これまでに私は主に経営者たちと仕事をする機会に恵まれたが、

概して彼らはどちらの選択肢を選ぶのかを〝内容〟ではなく、〝期限の早さ〟で決断する傾向が強かった。


つまり選択肢を一瞥《いちべつ》し、どちらの日時が先なのかで選ぶ人が多かったのだ。

そういう人々と3000人以上付き合ってくると、当然私の価値観もそうなる。

「今日か明日」「今月か来月」「今年か来年」といった選択肢は、内容に関係なく前者を選択する。


もし前者の内容がショボければ、後者の選択肢は見ずにして却下だ。

こういう生き方を貫いていると、仕事のできない人たちは周囲に誰もいなくなる。

だからますます周囲にはできる人やお金持ちが集まり、放っておいても富むのだ。

ふとした選択肢の選び方は、
その人の生き様や全人格を物語っているのだ。

15

「まとまった時間」と「細切れ時間」にやることを混同しない。

できるビジネスパーソンであれば、誰もがもはや無意識レベルで習慣化している時間の使い方がある。

それはまとまった時間にやることと細切れ時間にやることを瞬時に判断し、常に仕事をバリバリこなして前倒しで進めていることだ。

彼らは誰に教わるわけでもなく、小学生や中学生の頃からすでにそうした時間の使い方を習慣化しており、その結果として一流大学に入学し、一流大学を卒業し、一流企業に入社することができたのだ。

だからと言って、凡人が彼らに敵わないわけではない。

凡人は凡人で彼らの良い部分を上手にパクってやればいいのだ。

具体的に何をどうパクったらいいのか。

予め「まとまった時間」と「細切れ時間」にやることを自分で決めておけばいい。

たとえば突然「まとまった時間」がプレゼントされたら、企画書作成か読みかけの本をゆったりと読む。
あるいは「細切れ時間」がプレゼントされたら、出張精算かお礼状を書く。

こうして思わぬ時間が神様からプレゼントされた際には、
事前に何をやるのかを決めておくだけで人生は確実に変わっていく。

もしこうした習慣を身につけなければ、「何をやろうかなぁ〜」と迷っているうちに、あっという間に人生なんて終わってしまうのだ。

私の場合は「まとまった時間」と「細切れ時間」にやることを習慣化したことで、人生すべてを前倒しにして、毎日「やらなければならないこと」がゼロになった。

16

すべてを全力で頑張らない。

人生で大切なことは、すべてを全力で頑張らないことだ。

そもそもすべてを全力で生き切ることは、我々人類にはできるはずがない。
仕事が抜群にできる人たちをじっくり観察しているとわかるが、
彼らは手抜きの仕方が卓越している。
どこで手抜きをして、どこで決めればいいのかを熟知しているのだ。

人生が洗練されている人たちもこれと同じで、
「進学」や「就職」など節目をビシッと決めて、
他は適当に流していることに気づかされる。

これに対して努力する割にからきし報われない人たちは、
できもしないくせにすべてを満遍《まんべん》なく頑張ってしまうから結果が出ない。
すべてを頑張ると、肝心な決めるべきところで決めることができなくなるのだ。

もちろん最初からすべてにおいて手抜きをするべきではない。
最初は謙虚に全力で打ち込みながらも、
「これはどこがポイントなのか？」という視点を常に忘れずに持っておくことだ。

そうすれば自分の経験だけではなく、この世のすべてから学ぶことができる。
どんな分野でも一流の人々は肩の力が抜けているが、
三流の人々は肩を怒らせて虚勢を張っているだろう。
それは三流の人たちがポイントを把握できていないために、
常にオロオロしているからだ。
人は頑張り過ぎると早死にするが、
それは全力で頑張るのは自然の摂理に反する証拠だ。

頑張り過ぎなくてもいいように、
我々人類は地球上で突出した頭脳を授かったのだ。

CHAPTER 2

Key word

決めるべきところは、決める。

CHAPTER

3

自分に「やってはいけない」

17

勉強をやめない。

学校を卒業したら、勉強が終わりではない。

学校を卒業してからこそ、勉強の始まりだ。


こんなことは巷《ちまた》の自己啓発書にいくらでも書いてあり、もうウンザリだろう。

ではどうして学校を卒業しても勉強を続けなければならないのか。


人は勉強しなければ、ゼロで留まることはなく、マイナスの坂をどんどん転がり落ちていくばかりだからである。

「ここより下はない」という下限は存在せず、まさに底なし沼でバカになるのだ。


私が1万人以上のビジネスパーソンと面談してきたことはすでに述べた通りだが、中でも学校を卒業してからも勉強を継続している人は明らかに一流大学出身者に偏っていた。

これに対して中卒や高校中退者たちは勉強どころか、30代や40代になってもクルマ、異性、ギャンブル、ファッションの話題しかできない比率が桁違いに高かった。

ただでさえ元の地頭が違うのに、この差は宇宙の拡張現象の如く大きくなるばかりかと思うと残念でならなかった。

そこで私は学歴がない人にこそ、「今から勉強しても追いつけないかもしれないけど、勉強しないと差はますます広がるばかりだよ」と学ぶことの大切さを説き続けた。

とりわけ学生時代に勉強をサボってきた劣等生におススメなのが、英語と日本史だ。

英語は30代以降で中1の文法からやり直さなければならない人には積極的におススメしないが、日本史ならすべての知識がゼロの人でも必ずそれなりにできるようになる。

人類は頭脳を鍛えることで幸せになるように生まれてきたのだから、一生勉強しよう。

18

運動を
やめない。

ここしばらく筋トレブームやダイエットブームが続いている。

それだけ自分の外見や健康にコンプレックスを抱えた人が多い証拠であり、私もそれに関する本をこれまでに何冊か書かせてもらった。


結論を述べると、運動を職業にしている人やもともと運動が大好きな人でもない限り、本格的にどっぷり浸かるのは賢明な人生の送り方ではないと私は思う。

なぜなら本格的に運動をしようとすれば怪我をすることは避けられないし、ヘトヘトになって仕事に集中できなくなるからだ。


私の周囲には激しい運動が原因で急死した人も複数いるし、あなたの周囲もそうだろう。

まさに本末転倒とはこのことだ。

「それでも構わない」と主張する人は、それがその人の生き様なのだからそれでいい。


私がおススメなのは自室でお手軽にできる筋トレやストレッチだ。

どうして自室で筋トレやストレッチをするといいのか。
それは雨の日も嵐の日も雪の日も関係なく、淡々と継続できるからだ。

運動不足を解消するのが目的なら、筋トレやストレッチは5分以内でも効果がある。
腕立て伏せを1分間やり続けるのは容易ではないし、その前後でストレッチをすればもう十分だ。

他には腹筋運動やスクワットを別の日にやり、同様にストレッチをしておけばいい。
筋トレとは筋肉に刺激を与えることで脳に「衰えるなよ！」と合図を送る行為だから、まめに刺激を与え続ければそれだけで筋肉や筋力を維持できるのだ。

もちろん筋トレ嫌いな人は、ピラティスでもヨガでも好きなことを継続すればいい。

19

先を信じられない苦労はしない。

人生を生きていく上で、ある程度の忍耐力は必要だと思う。
だが自分の限界を超えた過度な忍耐はすべきではない。
なぜなら過度な忍耐を経験した人たちはみな、
険しくて不幸そうな顔をしているからだ。

あなたの周囲を思い返してもらいたい。
苦労に苦労を重ねて生きてきた人は、社交辞令で「大変でしたね」と言われているが、
決してあなた自身がそうなりたいとは思わないだろう。
本当は誰もが心の中では知っているはずだ。
苦労に苦労を重ねる生き方は、自然の摂理に反するということを。

なぜ苦労を重ねなければならないかと言えば、頭を使わないからだ。
頭を使わずひたすらじっと耐えていたり、体だけを動かしてごまかしていたりする
から、いつまで経ってもしなくてもいい苦労をし続けなければならないのだ。

昨日よりも今日は少しでも苦労が軽減されるように頭を使うべきだし、今日より明日はより苦労が軽減されるように頭を使うべきなのだ。

もし先が信じられないなら、その苦労は断じてすべきではない。
1％でもあなたの思い描いている夢と繋がっているとか、あるいは希望が見えていない限り、この先あなたのしている苦労が報われることはないのだ。

否、この際だから本書の読者だけにとっておきの真実を公開しよう。
先の見えない苦労の先にあるのは、さらなる苦労だけなのだ。
先の見えない苦労をしていると、同様に先の見えない苦労をしている連中と群れる。

負け犬同士で苦労を正当化し合うから、永遠に負け犬スパイラルから抜け出せないのだ。

20

お利口さんにならない。

「うわ〜、コイツ退屈な人間になったな」と衝撃を受ける人には、ある共通点がある。

35歳以降であるということだ。

35歳という年齢が何を意味するか。
35歳は一般のサラリーマンが転職できる年齢の上限と言われている。
確かに私の周囲を見渡しても、
エグゼクティブのヘッドハンティングでもない限りは35歳が転職のデッドラインだ。
つまり35歳になるとサラリーマンたちは今の会社にしがみつくことを必死で考え始め、急に保守的な考え方になって〝お利口さん〟になる可能性が高いのだ。

これまで独立を熱く語って威勢の良かった連中も、
35歳を境にありとあらゆる理由を並べ立てて現状維持する自分を正当化し始める。
私の周囲にいるサラリーマンたちも、フリーになってとてもやっていけないと判断し、35歳を前にしてギリギリセーフで会社員に戻る人はあとを絶たない。

35歳を超えた彼らは揃いも揃って自分の人生の正当化に明け暮れている。

ここで私は自分の人生を正当化するのが問題であることを論じたいのではない。
彼らは全員見事なまでに仕事ができなくなっているのが問題なのだ。

彼らのピークはハッキリしていて、最初に脱サラしてフリーになる直前だった。
まるでこれからゴリアテに立ち向かう直前の、
あのミケランジェロのダビデ像のように猛烈に輝いていた。
挑戦していない人は、輝き続けることはできないのだ。

人は挑戦者であることをやめた瞬間、
年齢に関係なくお年寄りの仲間入りなのだ。

21

もっともらしい言い訳に逃げない。

言い訳をするのがいけないことは誰でも知っている。

言い訳をすると自己嫌悪に陥るし、
言い訳を聞かされる側になると殺意を抱くくらいに鬱陶しく感じる人もいるだろう。
つまり言い訳は自然の摂理に反するということなのだ。

私がこれまでに出逢ってきたビジネスパーソンたちの
その後の追跡調査をしていると、こんな事実が浮き彫りになってきた。
言い訳上手だった人間は窓際に追いやられていることが多いのに対して、
言い訳下手だった人間のほうが意外にも出世しているのだ。

きっと言い訳上手で饒舌《じょうぜつ》な人間はその場限りで問題を切り抜け続けた結果、
最終的には周囲から愛想を尽かされて四面楚歌になってしまったのだろう。
それに対して言い訳下手で訥弁《とつべん》だった人間は行動力と結果で実力を証明するしかなく、最終的には周囲から揺るぎない信頼を獲得したのだろう。

今から振り返ると、訥弁で出世した人たちには心から拍手を送りたいと同時に、どこか微笑ましい気持ちで一杯になる。

これを読んで饒舌な人が無理に訥弁のふりをする必要はない。
真似をするのは訥弁の部分ではなく、
言い訳をしないで行動に移して結果を出すという部分なのだ。

人は言い訳を呑み込むと、ストレスというエネルギーになる。

過度なストレスを溜め込むのは危険だが、
ストレスを行動力のエネルギーとして
まめに転換して燃やし続ければ、
幸せを掴むきっかけになるのだ。

22

自分勝手な常識や固定観念に縛られない。

三流の口癖に「納得できません」というのがある。

私は「納得できません」というセリフを聞くたびに、まさにそれが三流である証だなと強く思う。

三流がなぜ三流かと言えば、三流の常識や固定観念から抜け出せないからなのだ。

三流は講演を聞いても自分たちの常識や固定観念に沿わなければ、「納得できません」と言って再び三流の世界に引き籠る。

三流は本を読んでも自分たちの常識や固定観念に沿わなければ、「納得できません」と言って再び三流の世界に引き籠る。

もし本気で一流を目指すなら、三流は自分たちが納得できないことこそやらなければ、永遠に一流の仲間に入れないという事実に気づくべきだ。

一流への道は、三流が納得できるか否かのこだわりなんてどうでもいい。三流の常識や固定観念をすべて捨てて、初めてスタートラインに立てるのだ。

三流の何がいけないかと言えば、すべてがいけないのだ。

呼吸の仕方、歩き方、目つき、表情、醸し出す雰囲気…といったありとあらゆるものが間違っているから三流は三流なのだ。

以上の厳然たる事実を正面から受容すると腹をくくれるだろう。

全部間違っているのだから、一生かけてすべてを変えてやればいいと思えるからだ。念のため三流の分際でスピードと行動力のない人間は、誰からも応援してもらえない。

仮に現在は三流でもこれまでのすべてを捨てて、納得できないことに果敢に挑み続けることで、周囲は応援してくれるようになってあなたも変われるというわけだ。

23

中断癖をつけない。

自分の好きなことがどうしても見つからない場合、
三日坊主でもいいから様々なことにチャレンジすることが大切だと私は思う。

だが一度「これで行くぞ！」と決めた場合、
その道では中断癖をつけないことが大切だ。
仕事で中断癖をつける人は結果を出せない人が多い。
あっちの仕事に手をつけ、こっちの仕事に手をつけ、
蓋《ふた》を開けてみるといつもすべてが中途半端に終わってしまい、
最後までやり抜いたことがないという人は、
この先ずっとそういう人生を繰り返すのだ。

たとえば作家を目指しているけど、
夢が夢のままで終わってしまう人にはある共通点がある。
ちゃんと最後まで書き切らないで、未完の作品の山に埋もれているということだ。

通常1冊の本に仕上げるための文字量は、
400字詰め原稿用紙換算で200枚〜300枚程度は必要だ。
いつも20枚や30枚で中断していては、自分にも他人にもその人の実力がわからない。

よく「原稿なんて書けなくても企画書だけでいい」という声もあるが、
それはその人が生涯に1冊の生きた証を残す場合であり、本当に職業作家として
生きていくためにはまずは量を書けないことには何も始まらないのだ。

量が書けないということは、その人は最初から作家に向いていないということだ。
どうせいつも20枚や30枚で中断するなら、20枚や30枚で完結させてしまうのだ。
そうすれば作品を寄せ集めた短編集として、立派な1冊の本に仕上がる可能性もある。

自分が決めた道では、いかなる理由があっても
中断癖を打破しておくことだ。

24

啓示を無視してはいけない。

様々な分野で活躍しているプロたちのインタビュー記事を読んでいると、彼らは人生のどこかで啓示を受けたと述べていることが多い。

啓示の受け方は人により様々だが、たいていは興奮状態や楽しんでいる状態ではなく、リラックスして孤独な時間を過ごしている時間に降りてくるようだ。

より詳しく調べていくと、リラックスして孤独な時間を過ごしているだけではダメだ。

普段から試行錯誤しながら考えたり、動き回ったりしている人が、ふとくつろいでいる瞬間に降りてくるのだ。

だからニートのようなリラックスして孤独な時間を過ごしているのとはちょっと違う。

ビールを飲みながらぼんやり野球観戦をしている最中に啓示を受けた人もいる。

通勤電車に揺られながら吊革《つりかわ》に掴まってボーっとしていたら啓示を受けた人もいる。

交際相手にフラれて泣き疲れて、孤独な時間に慣れてきた頃に啓示を受けた人もいる。

どうやら人は執着を手放した瞬間、そこに神が宿るのだ。

ここで大切なことは、あなたが啓示を受けたか否かではない。
啓示は誰でも受けるのだが、多くの場合それが無視されてしまうのだ。

先ほどの例をそっくりそのまま真似をして、ビール片手に野球観戦したり、
通勤電車で吊革に掴まって揺られてみたり、
交際相手にフラれてみたりしても、同じように啓示を受けるとは限らない。

大切なことは啓示を受けるマル秘テクニックではなく、受けた啓示をどう活かすかだ。
受けた啓示を活かすためには、あらゆる言い訳を乗り越えて即行動に移すことだ。

心配しなくても啓示を受けた瞬間は、
誰に教わるわけでもなく本能でストンとわかる。

CHAPTER 3

Key word

神のお告げは、動いてナンボ。

CHAPTER

4

お金で「やってはいけない」

25

勝ち逃げではなく、損切りを体得する。

勉強熱心な人の間ではすでに浸透してきたが、ギャンブルで大切なことは損切りである。

損切りさえできれば、身を滅ぼすことはない。

「経験的確率と理論的確率は一致する」という大数の法則からもわかるように、延々とやり続ける限りギャンブルで勝ち逃げることはできない。

こうして本を読んでいる時には理解できるのだが、実際にギャンブル場に行くとまるで人が豹変《ひょうへん》したかのように勝つまでやり続けて、全財産を失うならまだしも会社の金まで使い込んだり、闇金に手を出したりする人々があとを絶たない。

なぜこんなことが日々あちこちで発生しているかというと、頭では理解できても肝心な体が動かないからだ（脳の物理的構造が〝ギャンブル型〟に化している人もいる）。

よく人に注意を受けた三流の落ちこぼれが「そんなことくらい、わかっています！」と逆ギレしているシーンを見かけるが、まさにあれと同じである。

彼らは自分の頭ではわかっているつもりだが、体がそのように動いていないから他人に注意していただいているというありがたみに気づいていないのだ。

翻《ひるがえ》って、あなたはどうだろうか。

頭で理解できていても、体がそう動いていないことは意外に多いのではないだろうか。

お金との付き合い方で大切なことは、

予め「損失額がこれを超えたらやめる」と決めてそれを死守することだ。

これはギャンブルに限らず、家庭の資産運用やビジネスにおいても同じである。

損切りを体得するコツは、一度でいいから小さな勝負事で損切りを体験することだ。

一晩寝てから目が覚めると、損切りできた自分が大好きになるだろう。

26

目に見えないものにお金を使えば、部屋は散らからない。

これまでに私は富裕層と会う機会に恵まれてきたが、一時的な成金ではなく、長期的なお金持ちの自宅や部屋にはモノが極めて少ないという共通点に気づかされた。


テーブルやチェア、本棚、文房具など必要最小限のモノは長年使い込んで上質なことが多いが、それ以外には何もないのだ。

だからもともと部屋が広いというのもあるが、より一層広々として見えるのだ。


彼らは貯金ばかりしているのかと言えば、それは違う。

膨大なお金があるのと同時に、膨大なお金を使っている。

ただその使い道が一般の人たちと違うのだ。

富裕層は目に見えないものにお金を使うのだ。

たとえば旅行による体験や読書から得る知恵といったものが目に見えないものに該当するだろう。

あるいはパーティーを開いてごく親しい一流の人々と親睦を深めたり、食べてしまえば消えてなくなる食材に対して金に糸目を付けなかったりする富裕層も多い。

自分が富裕層になったことを想像してみればすぐにわかるが、どんな豪邸に住んでも普通は数億、こだわってもせいぜい数十億円だし、車に至ってはMaxで数億円前半だ。

一流の家具や家電製品を揃えたところでお金なんて使い切れないから、結局のところは体験や知恵に回すことになる。

私も30代でサラリーマンの生涯所得を稼ぎ終わったが、ありのままの事実を述べると、意外に自分は物欲が小さいことに拍子抜けした。

だから目に見えない体験や知恵にお金を使っているのだが、ますますお金が増えている。

27

店員の態度が悪かったら、その店で買わない。

高級ブランドショップやシティホテルで店員から威張られたことはないだろうか。

あるいは明らかに見下されて、ぞんざいな扱いを受けたことはないだろうか。
もしいつも委縮《いしゅく》してそんな記憶すらないのであれば、これも何かのご縁だから
ぜひとも銀座や表参道のブランドショップ巡りをしてもらいたい。
あるいは休日にシティホテルのラウンジに寄って、
アフタヌーンティー巡りをしてみるのもいいだろう。

あなたの観察眼にもよるが、普通は10件以内でハズレ店に遭遇するはずだ。
会社の看板にもたれかかって虚勢を張っている〝虎の威を借る狐〟そのものの店員に。

ギリギリで覚えたての敬語は使っているものの、
明らかにあなたを軽く見ている表情。
バックヤードでは平気で「あの客」呼ばわりしていそうな顔つき。
私は彼らと仕事でもプライベートでも付き合ったことがあるのだが、

あなたが察知したそれらの違和感は、すべて正しい。

彼らは就活時、本当はブランドショップやシティホテルではなく、由緒正しい大企業や偏差値の高い業界に憧れていたけれど、箸にも棒にも掛からなかった層なのだ。

そのコンプレックスの裏返しが、緊張気味に来店してくださったお客様に威張ってみるという自慰行為に繋がっているのだ。

そんな連中に軽く見られたら、魂が汚れるから絶対にその店で買ってはいけない。

千田本の読者の中には某シティホテルで、

「自分はサービスをしてもらっていないのに、なぜサービス料を支払わなければならないのですか？」と直訴した勇者も登場している。

確かにティーカップが空のまま放置するような店に、サービス料を請求する資格はない。

28

cheapなもの
ではなく、
inexpensive
を買う。

富裕層たちを1次情報で観察していると、確かにcheapなものには目もくれないが、だからexpensiveなものにしか興味がないかというと、決してそんなことはない。

彼らはinexpensiveなものを好む傾向にある。

cheapを直訳すると「安い」だが、

そこには「安かろう、悪かろう」という含みがある。

expensiveを直訳すると「高い」だが、そこには「価値<価格」という含みがある。

inexpensiveを直訳すると「安い」だが、そこには「価値>価格」という含みがある。

富裕層は価値と価格のバランスをよく吟味してからでないと、決してお金を払わない。

「価値<価格」なものに対してお金を払うという行為は、

まるでお金の神様への冒涜《ぼうとく》であるかのように嫌悪感を抱く傾向にある。

とりわけ長期的な成功者たちが好むのは、適正価格の商品である。

適正価格というのは、長い年月をかけて市場で落ち着いている価格だ。

だからこれほど信用できる指標はないのだ。
適正価格の商品よりも明らかに高かったり安かったりすると、さっと距離を置くというのが長期的な成功者たちの行動特性だ。

たとえば彼らの長年愛用するスキンケア商品を見ていても、いかにも無教養な成金好みのブランド品やマルチ商法で取引される桁違いに高いものではない。
あなたの近所のドラッグストアでも普通に売られている、ソンバーユやオロナイン軟膏《なんこう》をかれこれ何十年と愛用している人は多い。

だから彼らは質の低い情報に左右されず、いつもドンと構えて生きていられるのだ。

自分が長年愛用しているものだけを買えば、いちいち迷わないから時間も生まれる。

29

財布をパンパンに膨らませない。

人が所有するものは、所有者の人となりが如実に出ている。

たとえば財布がその好例だ。
財布がスリムでシュッとした人は、やっぱり頭の中も整理できていて知的だ。
本当に必要最小限のものだけが財布に入れられており、
財布の中に何が入っていて何が入っていないのかが完璧に把握できている。
会社のデスクの上も余計なものが何も置いていなくて綺麗だし、
いつでも必要なものが必要な時に引き出せる状態だ。
パソコンのデスクトップも余計なアイコンが貼り付いておらず、
いつでも必要なものが必要な時に引き出せる状態だ。
人間関係も水の如《ごと》くサッパリしており、本当に大切な人だけと長続きしている。

これに対して財布がパンパンに膨らんでいる人は、
財布の中に何が入っていて何が入っていないのかが何も把握できていない。
会社のデスクの上も余計なものが溢れんばかりに置いてあり、

必要なものを引き出そうとすれば雪崩を引き起こす危険がある。

パソコンのデスクトップにはベタベタとアイコンが貼り付けられており、必要な情報にアクセスするまでに膨大な時間を垂れ流す。

人間関係も甘酒の如くネットトリしており、知人だけはやたら多いが親友は一人もいない。


あなたはすでにお気づきのように、財布とはその人の人生の集大成なのだ。

まずは小さな財布の世界を変えることで、あなたの人生を変えるきっかけを創るのだ。


財布がスリムになれば、人生もスリムになる。

30

口だけの人
ではなく、
身銭を
切っている人の
アドバイスを
聞く。

誰かからアドバイスを受ける際には注意が必要だ。
「…らしいよ」「…に違いない」といった表現をする人は、100％の確率で偽者だ。

なぜならその人は自分の頭の中の妄想を語っているに過ぎないからだ。
もっとハッキリと言ってしまえば、その人はあなたのためではなく、
自己満足のためにあなたを利用して日々の鬱憤《うっぷん》を晴らしているだけなのだ。

もし本気でアドバイスを受けるならやっぱり相応のお金を払うべきだし、
相手は身銭を切っている人に限定することだ。
身銭を切っている人とは、プロのことだ。

その道でプロとして生きている人は、必ず身銭を切って勉強をしてきている。
あらゆる分野にプロはいるが、
一応の目安としては最低でも1000万は身銭を切って勉強しているものだ。
「えー‼ 1000万円⁉」とあなたは驚くかもしれないが、

それでもプロとして扉の前に立てるかどうかというレベルなのだ。

たとえば文章のプロとして生きていくためには、最低でも1000万円かけて1万冊は本を読んで身銭を切っていることだろう。

あるいは映画のプロとして生きていくためには、最低でも1000万円かけて5千本は映画を鑑賞して身銭を切っていることだろう。

むしろ1000万円程度では「おい、一桁少ないぞ」と各分野のプロたちからお叱りを受けそうだ。

プロから教わるのは、その人の人生の一部をお裾分けしてもらう貴重な体験なのだ。

31

自分が借金していることを忘れない。

金運の悪い人にはある共通点がある。
それは自分が借金していることをすっかり忘れてしまうことだ。
もはやこれは一種の才能とも思えるくらいだ。

どうして自分が借金をしていることを忘れると金運が落ちるのか。
それは借金をした側がいくら忘れても、
お金を貸した側というのは死ぬまでその事実を忘れないからだ。
否、正確には死んでも忘れない。
きっと怨念として「俺はあいつに金を貸している」と周囲に遺言するはずだ。

借金をして都合良く忘れてしまうということはそのくらい罪が重いことであり、
永遠に許されることではないのだ。
仮にどんなに法外な利息で借金をしようと、法律上にはともかく、
自然の摂理としては未来永劫断じて踏み倒せないのだ。

これまで私の人生でも借金魔と思われる人たちがいたが、
彼らの中で現在幸せな人生を送っている人は唯の一人もいない。
全員が夜逃げしたり自ら命を絶ったりするなど、不幸のどん底だ。
だがそれは自業自得というものだ。
なぜなら借金を踏み倒された人たちの怨念の集大成も、
それに匹敵する苦しみだったに違いないからである。

この世の中はどんなことがあっても、常にバランスを保とうとする力が働いている。

もしあなたにも借金があるのなら、
いかなる理由があろうとも踏み倒すべきではない。

32

「お金第一主義」の人からは、お金が離れる。

お金というのは女性に酷似している。

私がこれに気づいたのは、コンサル時代にリーダー職になってチームの運営を任された時だ。


自分の売上がいくら高くても、メンバーたちの売上がショボければ、何とかしてお金をかき集めなければならない。

そこで考えに考え抜いたのが、お金の特性を知ることだった。


お金というのは「お金第一主義」の人からは遠ざかるのだ。

むしろお金のことを忘れて、仕事に没頭する人にお金は一極集中する。

勘違いしてはならないが、お金のことを忘れるというのはお金を軽く見るということではない。


むしろお金には最大限の敬意を払いながらも、いざ仕事がスタートすればお金のことをすっかり忘れて、いかに質の高いサービスを提供できるかに注力するということだ。

するとお金は寂しがって嫉妬し始めるから、ドッと集まってくるというわけだ。

何のことはない、お金は結局人が運んでくるわけだから、人の特性と同じなのだ。

お金を払う立場であるお客様というのは、男女問わず受け身で女性的になりやすい。

だからこそ、私はお金が女性に似ていると冒頭で述べたのだ。

多くの女性は何かに没頭し続けて実績を残す男性に惹かれやすく、無能の分際で自分にもたれかかってくる男性に嫌悪感を抱く。

これはまさにお金と同じであり、自然の摂理なのだ。

逆説的な表現になるが、お金を稼ぎたければ
お金を忘れて成すべきことを成すことだ。

CHAPTER 4

Key word

お金にモテる人は、お金に執着しない。

CHAPTER 5

人脈で「やってはいけない」

33

来る者は拒んでもいいが、去る者は追いかけない。

私が学生時代に読んできた本の中で、珍しく「これは違ったかな」と感じたことがある。
それは「去る者は追わず、来る者は拒まず」という名言だ。

確かに聖人君主の域に達すればそれが可能かもしれないが、
少なくとも私が生きてきた現実の社会では50％しか応用できなかった。
応用できた50％というのは、前半の「去る者は追わず」の部分だ。

私だけではなく人脈が優れている人たちの共通点は、
間違いなく「去る者は追わず」を徹底して貫いていたものだ。
あなたの下から去る者は、
直接的にも間接的にもあなたに対して何らかの損害を与えるということだ。
つまりあなたにとって、去る者は１００％の確率であなたの運気を下げる人だ。
だから去る者を追いかけるということは、運を悪くする行為に他ならないのだ。

一方で後半の「来る者は拒まず」に関しては、未だに日々悪戦苦闘中だ。
先ほどの私の周囲で人脈が優れている人たちも異口同音に、
「来る者は拒んでもいい」と教えてくれるのだ。

私も「来る者を拒まず」を鵜呑《うの》みにして痛い目に遭った経験は数え切れないが、
「来る者は拒んでもいい」に方針を切り替えた途端、
スッと肩の荷が下りて運気が向上した。

顔つきや立ち居振る舞いが生理的に受け付けない人。
分をわきまえない人。
言行一致度が低い人。

これらは私にとって拒むべき人たちであり、それが運気を維持するための必要条件だ。

34

名刺
コレクター
にならない。

あちこちで名刺交換して、せっせと名刺を集めている人がいる。

その人の人脈が優れているかと言えば、まったくそんなことはない。
むしろ名刺コレクターたちは揃いも揃ってスカスカの人脈だ。
どうしてせっかく苦労してまで数多くの名刺をかき集めたのに、
名刺コレクターたちの人脈はしょぼいのか。

それは名刺というのは単に集めているだけでは、ゴミと同じだからである。
ゴミを集めているゴミ屋敷の住人を嘲笑《あざわら》っている人もいるが、
名刺コレクターは自分も同じことをしていると気づく感性が必要だ。
名刺というのは集めることが目的ではなく、
アクションのきっかけにすることが目的だ。

名刺がきっかけでビジネスに発展したり、ビジネスに関係なく何度か会っているうちに友だちになったりして、初めて名刺は活きることに気づかなければならない。

私はこれまで名刺交換した相手には、お礼状を書くようにしてきた。

名刺に住所が記載されていない場合には、こちらからメールを送ってお礼を述べた。

ビジネスになりそうだとか損得とは無関係に、一方的にお礼を述べ続けてきた。

もちろん返事を強要したことは一度もないし、

自分から何か見返りを求めたこともない。

膨大な数の人と会ってきたから、すべての名刺をストックしておくことはできない。

だから名刺交換した相手にお礼状を出したら、掌《てのひら》を合わせて名刺を処分してきた。

今の時代は一度でも名刺交換した相手と連絡を取り合ったら、

もう名刺なんてなくてもいくらでもこの先連絡を取ることができるからだ。

結果として、私はこれまでに取引先がなくて

困ったことは一度もない。

35

気乗りしない交流会に参加するくらいなら、本を読む。

コンサル時代の私は何百回も交流会を開催し、そして同時に参加してきた。その時は一点の曇りもなくそれで充実していたし、勉強にもなったと確信している。ところが独立してからは何かがパチンと弾けて、交流会の類に参加することがほとんどなくなった。

記憶は定かではないが、ここ数年は一度も参加していないと思う。もしかしたら、私としてはもう一生分の交流会に参加してしまったのかもしれない。交流会に参加するたびに、強烈に退屈に感じられるようになった。同時に膨大な時間を無駄にしていることに気づかされた。

繰り返すが、心の底から交流会が充実していると感じる場合は参加し続ければいいし、人生にはそういう時期もあっていいと思う。だが本心では無駄に思えてきたら、さっさと交流会から卒業することだ。そんな時間があれば1冊でも本を読んでいたほうが遥かにマシだし、あなたの人脈の質も確実に上がるだろう。

なぜなら人脈というのは教養が同レベルでなければ構築できないし、もし構築できても関係が継続できないからだ。

綺麗事を抜きにすると、年がら年中交流会に参加してばかりいる人たちは無教養な人が多い。

理由は簡単で、その交流会に参加するような人たちは自分と同レベルだからである。同レベル同士がいくら群れて騒いでも、永遠にレベルは上がらない。

レベルを上げたければ、本を読んで勉強し、教養を高める以外に方法はないのだ。

36

年齢で
差別しない。

いきなり結論を述べるが、儒教の教えに基づく年功序列は時代錯誤だと思う。


年功序列で得をするのは、無能な年長者だけだ。

有能な年長者はそもそも有能なのだから、放っておいても尊敬されるだろう。

これに対して有能な若者は、無能な年長者を（少なくとも表面上は）敬わなければ激しくバッシングされてしまう。

無能な若者が敬われることがないように、
本来は無能な年長者を敬う必要などないのだ。


多数決で考えれば無能な年長者は圧倒的多数になるし、今後も増え続ける。

だからこそ、年功序列という建前は雑草のようにしぶとく残り続けるのだ。

この本質を踏まえた上で、あなたはどう生きるのかを決めればいい。


もちろん世間を好んで敵に回すのは得策ではないから、無能な年長者にはできるだけ関わらないようにして、運悪く関わってしまったら敬っているふりをしてその場を凌《しの》げばいい。

だが少なくともあなたの本心では、年齢で相手を差別しないスタンスが大切だ。

たとえば何かを教わる際に相手が年上か年下かをいちいち気にしていたら、あなたの人生で先生に出逢えるチャンスが半減してしまう。

これはかなり大きなチャンス・ロスではないか。

普通は勉強を教わる際に教師が生徒よりも年上であることが多いが、これからの時代は教師が生徒よりも年下であることだって珍しいことではなくなるだろう。

ビジネスとなればよりその傾向は強く、成功に年齢はまったく関係なくなっている。

年下の先生を持てる人は、それだけで幸せになれる可能性が飛躍的に高まるのだ。

37

心の中で感謝しているだけでは意味がない。

人脈作りが下手な人の特徴として、お礼の伝え方に問題がある点が挙げられる。

もちろん超一流の域に達すると、「ありがとう」と言わずして粋にお礼を伝える方法もある。

そういうお礼の伝え方は初歩と基礎をきちんと押さえておかなければ、たいてい顰蹙《ひんしゅく》を買うから逆効果だ。

初歩とは、何かをしてもらったら感謝を口に出して伝えることである。

感謝していることと、感謝を伝えることには途轍《とてつ》もない距離がある。

いくら感謝していても、口に出して伝えなければそれは感謝していないのと同じだ。

本当はまるで感謝していないのに「ありがとう」と言う人と、本当は感謝しているのに「ありがとう」と言わない人がいたら、現実社会では前者の圧勝だ。

次に基礎とは、口で感謝するだけではなく行動で示すことである。

菓子折りを持参したりいい仕事をしたりするのがそれに該当するが、**要はお礼を口だけで終わらせないことが相手に伝わることが大切だ。**

もちろんそれに対して相手からお礼が返ってくるだろうが、そのお礼のレベルをあなたが察知できるだけの感性と教養も試されている。

「チョコレートありがとうございます！」だけでは、感性と教養がないと見なされる。こんなことは誰も教えてはくれないが、相手はそんなお礼を求めてはいないからだ。

そういう場合は、

「ピエールマルコリーニのマカロン、ありがとうございました」

「ヴィタメールのチョコレート、ありがとうございました」

とお礼を述べるのが正解だ。

「感謝は気持ちが大切」という美辞麗句は、三流の世界の単なる言い訳なのだ。

38

〝かわいげ〟を貯金する。

あなたが成功したければ、成功者に好かれることが大切だ。

あなたに類稀《まれ》なる飛び抜けた才能でもない限り、成功者の誰かに依怙贔屓《えこひいき》されなければ永遠に成功などできないからだ。

ほとんどの成功者は天才だから成功したのではなく、先に成功した人たちから依怙贔屓されて引っ張り上げてもらったのだ。


あなたも依怙贔屓されたければ、かわいがられるために最低限のマナーがある。


たとえばメールのやり取りでは、自分から送った場合に差がつく。

かわいがられる人は、自分がメールをしたら自分でメールを終わらせるようにする。

あなたが「この場合はAでしょうか？」というメールをして、相手から「そうだよ」と返ってきたとしよう。

ここでかわいがられる人は、「お返事ありがとうございます！　それではAで進めます」と必ず自分で終わらせる。

かわいがられない人は、そのまま返信をしない。

もしあなたが成功者の立場になったら、どちらの若者にチャンスを与えるだろうか。

言うまでもなく、あなたの返事に対してお礼のメールを送ってきた相手だろう。

実はメールのやり取りだけではなく、ありとあらゆるコミュニケーションでこうした〝かわいげ〟の蓄積が依怙贔屓をされるか否かの決定打になるのだ。

私もこれまで依怙贔屓を数え切れないほどしてもらったし、私自身も誰かに依怙贔屓をするのが大好きだ。

依怙贔屓される存在になれるか否かは、微差の積み重ねで決まるのだ。

39

賞味期限切れの人と安易に付き合わない。

こうして本を読んで熱心に勉強しているということは、あなたは将来成功する可能性がかなり高い。

否、失礼。

読者の中にはすでに成功者も多いだろうから、あえて忠告しておきたい。


もし現在の運気を落としたくなければ、絶対に賞味期限切れの人と安易に付き合ってはいけない。


たとえばあなたの現在の実力が70点だとしよう。

すると周囲はあなたを同じく70点レベルの成功者と引き合わせ、一緒に仕事をさせたがるものだ。

そのほうが周囲もお手軽で楽だからである。

だが同じ70点でもまるで中身が違うことをあなたは知っておくべきだ。

あなたは上昇中の70点なのに相手は下降中の70点とした場合、

まったくバランスが取れていない。
それどころか下降中の相手は、「俺のほうが成功歴は長いぞ」と先輩風を吹かせてくる可能性もある。
下降中の人間とその取り巻きにとって、あなたはダシとして延命に使われるだけなのだ。

雑誌のインタビューでも、全然レベルの違う人同士が同じサイズの顔写真を並べて掲載されていることもあるが、出版社を確認すると揃いも揃って感性の鈍い三流ばかりだ。

まだ成功していないうちからこうした感性をきちんと磨いていく姿勢が、将来あなたが成功した時に大いに役立つのだ。

40

口約束を破る相手と付き合わない。

この世の中は詐欺師で溢れ返っている。
「私は詐欺師です」とわかりやすく名札をつけているわけではないが、あなたの会社にも必ず詐欺師は棲息《せいそく》している。

よく大企業で詐欺行為をしていた連中が逮捕されるという事件が世間を騒がせているが、あれは実際に行われている詐欺行為が顕在化しただけの氷山の一角に過ぎない。
法律上での詐欺ではなく、広義での詐欺とは口約束を守らないことだ。
口約束を守らないのが詐欺だと考えると、
あなたの周囲にわんさと詐欺師がいることに気づかされるだろう。

私はコンサル時代の終盤にある人から、
「口約束を守れない人たちと絶縁してごらん」とアドバイスをもらった。
理屈ではなく直感でストンと腑《ふ》に落ちたので、すぐに試してみた。
すると人脈がとてもスッキリして、ノンストレス人生がスタートしたのだ。

まるで血も涙もないサイコパスの如《ごと》く口約束を守らなかった連中を削ぎ落とすたびに、膨大な自由時間が生み出されてどんどん人生が好転し続けたのだ。

もちろん相手から謝罪してきた場合には、即許してあげる。

だが自分で気づかない相手には、私からは教えてあげない。

ただアドレス帳からメールアドレスを削除して、

そのままメールアドレスを受信拒否に設定するだけである。

その代わり口約束を守り続ける人は一生大切にして、共に咲きたいと願っている。

これで私の人生は上手く回っているのだから、
きっと自然の摂理に則っているのだ。

CHAPTER 5

Key word

三流と群れるくらいなら、独りぼっちを選べ。

CHAPTER

6

恋愛で「やってはいけない」

41

男女問わず、〝さげまん〟とは今すぐ絶縁すべし。

さげまんの話をすると、
「自分の失敗を人のせいにするなんて…」と興奮する人が必ず登場する。

だがそれは完全に間違っている。

さげまんと関わって人生が転落していくのは、さげまんの責任ではないからだ。
さげまんと関わって人生が転落してしまったのは、ひたすらさげまんと関わった本人の責任なのだ。

これについて議論の余地はない。

異性である男性のみならず、同性である女性もまたさげまんと関わらないように真剣に対策を練ることが大切になってくる。
なぜならさげまんは臭気と同じだから、いつも傍にいるというだけで100%感染してあなたまでさげまんになってしまうからである。

さげまんの特徴を3つに絞ってみよう。

①いつも群れてヒソヒソ話をしている。
②嫌いな人の話で盛り上がるのが大好き。
③厚化粧にギラギラファッション。

以上のうちたった一つでも満たす場合は、正真正銘のさげまんである。

これを読んでカチン！ときた人も純度100%のさげまんである。
もしあげまんなら、これを読んで理屈ではなく直感で正しいと悟って美しく微笑む。
男女問わず人生が狂い始めるのは、すべてさげまんと関わったからだ。

あなたの人生において、さげまんと絶縁する以上に大切なことなど存在しないのだ。

42

結婚したければ、結婚制度は自然の摂理に反すると知ったうえで決める。

「アメリカは離婚率が高くて日本は離婚率が低い」という、日本人がちょっと優越感に浸れた時代が長らく続いた。

ところが統計データを見る限り、アメリカの離婚率は確実に下がってきている。その理由の一つに、アメリカ人が本気で勉強し始めたからだ。かつて世界でダントツの離婚率を維持していたアメリカは、「このままではいけない」と気づき、男女の特性を必死に理解しようと国民全体が猛烈に勉強したのだ。

結婚制度は人工的にこしらえた便宜上の〝決まりごと〟に過ぎないが、男女の特性は結婚制度を遥かに超越した自然の摂理だ。
浮気の善悪を論じるのではなく、
浮気とは生物学的にどういうものなのかを理性で学んだのだ。

女性のヒステリックや男性のＤＶの善悪を論じるのではなく、
それらは心理学的にどんな理由で発生するのかを理性で学んだのだ。

勉強するとこれまでに見えなかったことがたくさん見えてくるから、「結婚はやめよう」という人も増えるし、「それでも結婚したい」という人も増える。
こうした国民の勉強の積み重ねによって、見事にアメリカの離婚率は低下したのだ。

これを読んであなたも感心している場合ではない。
男女の特性を虚心坦懐に学べば学ぶほどに、結婚制度がいかに自然の摂理に反しているのかに気づかされる。
不倫で世間に騒がれる有名人は多いが、
そもそも根本的に結婚制度が間違っているのだ。

以上を踏まえた上で結婚を考えると、
後悔することは激減するだろう。

43

結婚しても生涯独身を貫いても、どのみち後悔する。

人生の早いうちに知っておいたほうがいいのは、
迷った選択肢でどちらを選んでも必ず後悔するという事実だ。
これは決して人生はつまらないという話をしているのではなく、
だからこそ今の人生をとことん味わって楽しもうという話をしているのだ。

たとえば「結婚したい」と切望している人がいたとしよう。

その人は「結婚できない自分は何て不幸なのだろう…」と悩んでいるかもしれないが、それはとんでもない勘違いである。

なぜなら人は結婚したらしたで次々に悩み事が襲ってくるからである。


なかなか妊娠しないと悩む。

住宅ローンが苦しいと悩む。

夫（妻）の浮気で悩む。

子どもが非行に走って悩む。

子どもの進学で悩む。

子どもの就活で悩む。
子どもの結婚で悩む。

結婚したら何で悩むのかを列挙すると、それだけで1冊本が書けてしまいそうだ。

もちろん生涯独身を貫いても同様に悩み事は襲ってくるし、
「もし結婚していたら…」と後悔することもあるだろう。
いずれにせよどっちの人生を歩んだとしても、
人はないものねだりで必ず後悔するのだ。

だったら、今自分が歩んでいる人生を
こよなく愛したほうがいいではないか。

44

パートナーを疲れさせない。

ひと昔前はテレビドラマで
「仕事を取るの？ 私を取るの？」と女性が男性に迫るシーンをよく見かけたが、
ここ最近は
「仕事を取るの？ 僕を取るの？」と男性が女性に迫るシーンが増えてきている。
いずれにせよパートナーにこの選択を迫った瞬間、
相手の心は離れると知っておくことだ。

男女問わず仕事をしていると、
自分の可能性を極限まで開花させたいという衝動に駆られる。
そしてその衝動は自然の摂理に則っており、ひたすら正しい。

受験なら少しでも格式の高い学校に進学すべきだし、
仕事なら少しでも出世して実力を証明すべきだ。

「仕事を取るの？ 私（僕）を取るの？」とは、即ち

「仕事を取るの？　恋愛を取るの？」ということだが、これは
「ステーキを取るの？　デザートを取るの？」と同じで比較できない。
比較できないものを無理に比較させて迫ってくるわけだから、
その相手のことを嫌いになるのも無理はない。

特にバリバリ仕事をこなしている人は、本当はパートナーに癒されたいわけだ。
癒されたい相手に対して比較できないものを比較させて疲れさせるというのは、
まさに拷問《ごうもん》そのものだ。
癒されたい相手に振り向いて欲しければ、選択を迫るのではなく歩み寄るのだ。

「どっちを取るの？」と険しい顔で迫るのではなく、
「大変なの？」と優しく歩み寄って包み込むと、
ホッとして癒される。

45

ピークまでは加点方式。ピークを過ぎたら減点方式。

恋愛も結婚も次の法則を知っておくと、交際が長続きする可能性がグンと高くなる。

それはピークまでは加点方式で、それを過ぎたら減点方式になるというものだ。

どんな恋愛でも普通は半年もすればピークを過ぎる。

ピークまでは相手の良い部分だけが見えて、どんどん加点してますます好きになる。

まさに燃え上がるような恋だ。

ところがピークを過ぎるとこれまでが嘘のように相手の悪い部分が次々に見えてきて、どんどん減点してすっかり恋も冷めてしまう。

本能に忠実に従っていれば、半年ごとに交際相手を変えなければならないことになる。

半年ごとに交際相手をとっかえひっかえしている人は、自分の欠点を棚に上げて他人の欠点には我慢ならない証拠であり、次第に虚しくなってきて恋愛するのをやめてしまう。

若い頃はモテモテでブイブイ言わせていたのに、30代や40代以降で随分疲れ果ててすっかり輝きを失ってしまった同級生が、あなたの周囲にも一人や二人いるだろう。あれはまさに他人の欠点探しばかりをしていた人間の行く末だ。

どんなに素敵な相手でもピークを過ぎたら必ず欠点が目立ち始めることを知りながら、お互いに自分の欠点に注意を払って愛を維持していこうとする姿勢こそが、真の愛情なのだ。

ピークまでは相手の喜ぶことだけやっていればいいが、
ピークを過ぎたら相手の嫌がることをしてはいけない。

46

たとえ冗談でも、「男の実力」と「女の容姿」を貶《けな》さない。

男女問わず実力も容姿も大切な時代になってきたが、
それでも本能レベルで考えた場合、やはり「男の実力」と「女の容姿」は最重要だ。

その証拠に「世界大富豪ランキング」の大半を男性が占めるし、「ミスユニバース」といった美貌を競い合うのは女性だ。


もちろん男性も美を競うのがいけないわけではない。

その証拠に男性の美を競い合う世界も複数存在する。

女性が大富豪を目指すのも悪いことではない。

その証拠に女性の大富豪だって世界中に複数いる。

ただ男性にとって実力、女性にとって容姿はとても大切であるという絶対ルールだけは憶えておくべきだということだ。

だからたとえ冗談でも、「男の実力」と「女の容姿」を貶してはいけないのだ。

男性に対して、内面を見下すような発言をすれば酷く傷つく。

交際中の男女による殺人沙汰は、たいてい女性が男性の内面を侮辱したことがきっかけであることが多い。

もちろん殺人はいけないに決まっている。

だが男性の内面を侮辱してはいけないという絶対ルールを知っておけば、事件は防げた可能性もあるのだ。


同様に女性の外見を侮辱すると生涯心に深い傷を刻むことになる。

どんなに謝罪したところで、その傷が癒えることは永遠にない。


実質的にそれは傷害事件に匹敵するということを、忘れてはいけない。

47

自分の才能に
もたれかからない。

せっかくエリートなのに、モテない人がいる。

せっかく美人なのに、モテない人がいる。

その人たちの共通点は、自分の才能にもたれかかっていることだ。


「自分はこんなにエリートで一流企業に勤めていて年収1000万なのに、モテません。世の中は間違っています！」と顔に書いてある。

だから、彼は女性にモテないことがわかっていない。


「自分はこんなに美人でスタイルも抜群なのに、モテません。世の中は間違っています！」と顔に書いてある。

だから、彼女は男性にモテないことがわかっていない。


才能というのは不思議なもので、それを活かして脇目もふらずに没頭していれば輝いてモテモテになるが、才能の上に胡坐《あぐら》をかいてふんぞり返った瞬間に欠点になってしまう。

自分ではどんなにエリートと自惚《うぬぼ》れていても、
世の中には必ず上には上がいるものだ。
その程度の実力で満足していることが、魅力を消してしまっているのだ。
自分ではどんなに美人と自惚れていても、世の中には必ず上には上がいるものだ。
その程度の実力でストップしてしまっていることが、魅力を殺してしまっているのだ。

エリートや美人に限らず、
そもそも天はどうしてその才能をその人に授けたのか考えてみよう。
きっとその才能を磨きながら、人類のために貢献しなさいという意味なのだ。
あらゆる生物はその種に貢献しようと生きた者が、長寿になるように創られている。

あなたが最高に輝く方法は、授かった才能を
より高みを目指して磨き続けることなのだ。

48

どうせなら告白するのではなく、告白してもらえるよう自分を磨き上げる。

「彼女（彼）が欲しいけど、告白する勇気がありません」

私のパソコンには連日そんなメールが頻繁に届く。


好きな人に愛を告白するというのは誰にとっても勇気が求められ、バンジージャンプを飛ぶ覚悟が必要だろう。

現実問題として、誰でも告白できる勇気があるわけではないということだ。

そうでなければ、冒頭のようなメールがあちこちから届くわけがないからだ。

そこで提案なのだが、いっそのこと告白するのを諦めてはどうか。
自分が意気地なしであることを受容して、思い切って作戦を変更するのだ。
どうせならあなたから告白するのではなく、
相手に告白してもらえばいいではないか。
もちろんそれは容易なことではないかもしれないが、
告白する勇気の代償と考えるなら仕方がないだろう。
少なくとも相手から告白してもらえるのだから、あなたさえＯＫなら成功率は

１００％になる。

相手から告白してもらうための最低条件は、今いる場所であなたが輝くことだ。

その上であなたが相手に好意を持っていることを隠さないで、素直に認めることだ。

好きな相手を前にしたら正直に緊張すればいい。

好きな相手が挨拶をしてくれたら、恥ずかしそうにしながらもちゃんと返せばいい。

好きな相手と目が合ったら、ドキドキしながら幸せを味わえばいい。

もし脈ありなら直接的か間接的かはわからないが、相手から告白してくるはずだ。

いつまでも相手が告白してこない場合は、脈なしと諦めるか自分から告白するしかない。

CHAPTER 6

Key word

「この人を好きになってはいけない」が、恋の始まり。

CHAPTER 7

人生で「やってはいけない」

49

自分探しをしない。

人生で壁にぶつかると自分探しを始める人は多い。

自分探しの旅に出かける人もいるし、
旅に出かけなくても会うたびに「自分探しモード」という人もいる。
ではその人たちが本当の自分に出逢ったのかと聞くと、誰も出逢っていない。
何のことはない、彼らはただ自分探しの旅に出かけるのが好きなのであり、
「自分探しモード」に浸る自分が好きなだけなのだ。

本当の自分に出逢いたければ、自分探しをしないことだ。
自分探しなんてせずに、ひたすら目の前のことに打ち込むことだ。
目の前のことに打ち込んでいると、次第に疲れてくるから息抜きをするだろう。
その息抜きをしてリラックスした状態に、本当の自分に出逢える可能性が高いのだ。

「目の前のことに打ち込む」→「息抜きしてリラックス」→「目の前のことに打ち込む」→「息抜きしてリラックス」→……このスパイラルを繰り返していると、あ

る日突然、あなたの魂が叫ぶのだ。

長期的な成功者たちはこれを知っているからこそ、流行や世間の常識に惑わされずに淡々と目の前のことに打ち込むのだ。

もちろん私は旅に出かけることがいけないことだとは思わない。

ただどうせ旅に出かけるのであれば、「自分を探すぞ！」と狙って行くのではなく、旅を純粋に楽しめばいいいと思う。

旅そのものを楽しみ、息抜きをして心底リラックスできれば、本当の自分に出逢うかもしれない。

50

神頼みすると、罰が当たる。

私がこれまでに出逢ってきた人たちを冷静に観察していて気づかされたのは、**神頼みをする人は揃いも揃って運が悪いということだった。**

映画でもギャンブル中に神頼みをする人は、たいてい負けて身を滅ぼす。

ギャング映画でも醜く命乞いをする人は、その場で射殺されると相場は決まっている。

神頼みや命乞いは、普段から成すべきことを成していない怠け者が他者にすがる行為であり、自然の摂理では存続することが許されない。

唯一神頼みをしてもいいのは、普段から成すべきことを成している人間だけなのだ。

厳密には普段から成すべきことを成している人間は、神頼みをしているのではない。

彼らは合掌しても神にすがっているわけではなく、

結果報告や決意表明をしているだけなのだ。

結果報告とは「おかげ様でここまでやることができました」と自分が成してきたこ

とを感謝して伝えることだ。

決意表明とは「これからこうしようと思います」と自分が決めたことを感謝して伝えることだ。

何一つとして、他者にすがってはいないことに気づかされるだろう。


神はそういう存在に対してはとても寛容で、何とかして応援してやりたいと強く思う。

人間レベルの勝敗を超越した自然の摂理に基づく結果を出させて、一時的には敗北したように見えても、長期的には勝利を収めさせるものだ。

成すべきことを成さなかった人間は長期的には確実に敗北するし、それでいいのだ。

神頼みする前に、まずは成すべきことを成すことだ。

51

運による勝利は、さっさと忘れる。

戦国武将で有名な織田信長の出世を決定づけたのは、1560年に今川義元を討ち取った桶狭間の戦いだと言われている。約10倍の兵力の差を「狭い地形」「豪雨」「宴会中」といった運を組み合わせて克服し、見事に勝利を収めたのだ。

もちろん信長の優れた頭脳による分析力や決断力の賜物には違いないが、傍から見たらこれは明らかに奇襲だった。

信長が天才的だったのは、10倍の大軍を破ったことではない。彼が真に天才だったのは、これと同じ奇襲を人生で二度と繰り返さなかった点である。

そんなの当り前だと思うかもしれないが、これは大変なことだ。

なぜなら多くの人は一度でも奇襲による快感を知ると、この先ずっとそれがそのまま通用すると思い込んで延々と繰り返す傾向が強いからである。

ギャンブルでもビギナーズラックが原因で身を滅ぼす人が多いように、

99％の人々は一度幸運に恵まれると、「意外にチョロイ」と勘違いしてまた同じ戦い方をするものだ。


だから会社の業績や個人の人生を見ても、多くの場合は栄枯盛衰が激しい。

これら落ちぶれ方の激しい会社や人の特徴は、運による勝利を忘れられなかったことにある。


永続することは、さすがに不可能かもしれない。

しかしあなたが生きている間に幸福であり続けること程度であれば、古今東西の賢者の知恵を拝借し、それを実行に移して習慣化すれば実現できそうではないだろうか。

運による勝利は、

「これを踏み台にして努力しなさい」

というメッセージなのだ。

52

巡ってきたチャンスの前では、遠慮しない。

これまで私は成すべきことを成す大切さを繰り返し説いてきた。
まずは目の前のことをきちんとこなすことが幸せへの道であり、
人の使命だと確信しているからだ。

だがきっとあなたは頑張り屋さんだろうから、
ここではあえて強調しておきたいことがある。
いくらこれまであなたが実力を積み重ねてきても、
いざチャンスが巡ってきた際には、
遠慮なんてしないで飛びかかるべきだということだ。

もしそのチャンスを逃したら、同じチャンスは二度と巡ってこないと知るべきだ。
私がこれまで出逢ってきた人たちの中にもとても勤勉で実力もあるのに、なぜか
ずっとうだつの上がらないままの人がたくさんいた。
彼らの特徴は、チャンスの前で遠慮してしまうことだった。

先ほど同じチャンスは二度と巡ってこないと述べたが、チャンスは「人」「場所」「時」で決まるから常に点であり、全宇宙でその瞬間、その一点しか存在しないのだ。
だからその一点を逃したら二度とチャンスは巡ってこないというわけだ。

コンサル時代にもこれを証明するようなことが何度も起こり、最初のチャンスを掴んでいれば今頃は世界的企業になっていただろうに、それを逃したために地方の零細企業で甘んじているという社長が何人もいた。
もちろん本人たちは逃した魚の大きさに気づかず、その後巡ってきた数万分の一程度のスモールなチャンスに狂喜していたものだ。

運命のチャンスが巡ってきた際に
それに飛びかかるかどうかが、
その人の器を決めるのだ。

53

親の期待に応え続けるために生きる人は、最後は親を怨む。

義務教育時代に親の期待に応えるために勉強を頑張るというのは、まだいいと思う。善悪の問題は別として、大なり小なり子どもというのは親に認められたいという本能が確実にあるからだ。

だが親の期待に応えるために職業を決めるとか、結婚を決めるというのはかなり無理があるのではないか。

通常親というのは子より早く死ぬものだし、それ以前に人生のどこかで子は親の期待に応えられなくなる可能性がかなり高い。

あなたの周囲にもたいてい一人や二人はいるだろうが、医者の子どもが将来医者になるために猛勉強を強いられることは多い。

それで期待に応えられる子どもはいいのだが、期待に応えられない子どもがいることを忘れてはならない。

期待に応えられない子どもたちは自分のことをどう考えるか。

自分は親に愛される資格がない人間だと考えるのだ。

親に愛されていない子どもは精神的に耐えられなくなる。

その結果、外に発散するタイプは非行に走り、内に籠るタイプはニートになる。

もちろんこれは医者の子どもに限らないし、職業だけではなく、就活や出世、結婚など人生の節目すべてで当てはまる。


現実的には10代で落ちこぼれるより、30代以降で挫折するほうがダメージは大きい。

親の期待に応え続けていると、その期待に応えられなくなった瞬間に親を恨むのだ。

一番の親孝行は、親の期待を裏切って
親とは別の土俵で親を超えてあげることだ。

54

やらない
理由を
年齢のせい
にしない。

何かに挑戦する際に年齢のせいにする人がいる。

たとえば60代の野球の未経験者が、今からメジャーリーグを本気で目指すというなら、さすがにそれは難しいと私も思う。
だが60代から起業するとか大学院に入学して何か勉強するというのは、難しいことでも何でもないし、
ぜひそういう人がもっと増えてスタンダードになってもらいたい。
ましてや30代や40代で「今からやっても遅いし…」と口にする人がいたら、それはあり得ないとしか言いようがない。

特に肉体ではなく頭脳を使って勝負する世界では、10代の頃よりは多少苦労するかもしれないが、経験という知恵が蓄積されているわけだから必ずカバーできるはずだ。
仮にあなたの記憶力が衰えているのであれば、それでも記憶できる方法を学べばいい。

これまでの人生で自分が興味を持った何かに関連付けて憶えたり、
復習のタイミングや回数を工夫したりすれば必ずハンディは克服できる。

我々人類は地球上で他の生物と比べて突出して優れた頭脳を授かったのだから、
それを活かさない手はないのだ。

世の中には60代で起業した会社を世界的企業にまで成長させた人もいるし、
90代で大学生として熱心に学び続ける人もいた。

幸い今の世の中はいつでもどこでも情報や知恵にアクセスできる環境が整っている。
むしろ頭脳戦では、年齢はハンディどころかアドバンテージになるくらいだ。
もし前例がなければ、自分がその前例になってしまえばいい。

90代で「イチからお願いします」と頭を下げられる人は、本当にカッコいいと思う。

55

抱え込まない。考え込まない。

人生が行き詰まっている人や、日々悶々《もんもん》として苦しんでいる人は多い。

誰にでもそういう時期はあるし長い目で見ればそういう経験も必要だが、長期間それが続くとなると問題だ。

なぜなら長期間続いたら、それがその人のスタンダードになってしまうからだ。

私はこれまでに行き詰まったままだとか、ずっと悶々としたまま人生を終えた人たちを数多く見てきた。

その反対に人生のどこかでそうした状態から脱却し、負のスパイラルを断ち切った人も見てきた。

両者の違いは何だったかと言えば、抱え込んだり考え込んだりするか否かであった。

負のスパイラルを延々と繰り返している人たちは、何でも抱え込むし考え込むのだ。

抱え込めば抱え込むほどにますます抱え込まなければならなくなるし、考え込めば考え込むほどにますます考え込まなければならなくなるのは自然の摂理だ。

この世の中には「慣性の法則」が至るところに働いているのだ。
それを断ち切りたければ、思い切って手放すことだ。

もしあなたがサラリーマンでずっと行き詰まっているのであれば、
考え込んでいないで今いる場所からさっさと逃げればいい。
あるいはあなたが自営業者でずっと行き詰まっているのであれば、
考え込んでいないでさっさと廃業すればいい。

「それができたら苦労しない」と言う人もいるが、その考えこそ今すぐ手放すことだ。

悲劇のヒーローやヒロインの特徴は、被害者意識が強くて頑固なことだ。

56

「結果を出したことがある人」からではなく、「結果を出し続けている人」から学ぶ。

私は学生時代に成功者たちの本を数多く読んできたし、
社会人になってからは成功者と一緒に仕事をさせてもらう機会に恵まれた。

それらの経験を通して気づかされたのは、
「結果を出したことがある人」から学ぶより、
「結果を出し続けている人」から学ぶべきだということだ。

「結果を出したことがある人」というのは、
一発屋さんだとか成功が短期間で終わった元成功者のことだ。
この人たちの主張は好き勝手のバラバラで、
共通点としては本当に単に運が良かったということだけだった。
この人たちはなぜ自分が成功したのかが何もわかっていないから、
ブームが過ぎ去るとポイ捨てされてご臨終だ。

これに対して「結果を出し続けている人」というのは、

20年以上は成功し続けている人のことだ。

この人たちの主張は一貫しており、相違点としては性別や国籍、容姿くらいだった。

この人たちはなぜ自分が成功したのかを自分なりに分析して完璧に把握していたから、ブームが過ぎ去っても安定して活躍し続けていた。

むしろブームなど早く過ぎ去ってもらい、
自分のやりたいことに落ち着いて没頭したいという人ばかりだった。

あなたは勉強熱心だから、これからも多くの本を読み、多くの人から学ぶと思う。
その際には「結果を出し続けている人」から学ぶと、
あなたも似た人生を歩めるだろう。

あなたとは、
これから共に咲く人生を歩みたいと思う。

CHAPTER 7

Key word

畢竟《ひっきょう》、大好きに生きた者勝ち。

●廣済堂出版

『はじめて部下ができたときに読む本』

『「今」を変えるためにできること』

『「特別な人」と出逢うために』

『「不自由」からの脱出』

『もし君が、そのことについて悩んでいるのなら』

『その「ひと言」は、言ってはいけない』

『稼ぐ男の身のまわり』

『「振り回されない」ための60の方法』

『お金の法則』

●実務教育出版

『ヒツジで終わる習慣、ライオンに変わる決断』

●秀和システム

『将来の希望ゼロでもチカラがみなぎってくる63の気づき』

●新日本保険新聞社

『勝つ保険代理店は、ここが違う!』

●すばる舎

『今から、ふたりで「5年後のキミ」について話をしよう。』

『「どうせ変われない」とあなたが思うのは、「ありのままの自分」を受け容れたくないからだ』

●星海社

『「やめること」からはじめなさい』

『「あたりまえ」からはじめなさい』

『「デキるふり」からはじめなさい』

●青春出版社

『どこでも生きていける 100年つづく仕事の習慣』

『「今いる場所」で最高の成果が上げられる100の言葉』

『本気で勝ちたい人は　やってはいけない』

●総合法令出版

『20代のうちに知っておきたい お金のルール38』

『筋トレをする人は、なぜ、仕事で結果を出せるのか?』

『お金を稼ぐ人は、なぜ、筋トレをしているのか?』

『さあ、最高の旅に出かけよう』

『超一流は、なぜ、デスクがキレイなのか?』

『超一流は、なぜ、食事にこだわるのか？』

『超一流の謝り方』

『自分を変える 睡眠のルール』

『ムダの片づけ方』

『どんな問題も解決する すごい質問』

『成功する人は、なぜ、墓参りを欠かさないのか?』

●ソフトバンク クリエイティブ

『人生でいちばん差がつく20代に気づいておきたいたった１つのこと』

『本物の自信を手に入れるシンプルな生き方を教えよう。』

●ダイヤモンド社

『出世の教科書』

●大和書房

『20代のうちに会っておくべき35人のひと』

『30代で頭角を現す69の習慣』

『孤独になれば、道は拓ける。』

『人生を変える時間術』

『やめた人から成功する。』

●宝島社

『死ぬまで悔いのない生き方をする45の言葉』

【共著】『20代でやっておきたい50の習慣』

『結局、仕事は気くばり』

『仕事がつらい時 元気になれる100の言葉』

『本を読んだ人だけがどんな時代も生き抜くことができる』

『本を読んだ人だけがどんな時代も稼ぐことができる』

『１秒で差がつく仕事の心得』

『仕事で「もうダメだ!」と思ったら最後に読む本』

●ディスカヴァー・トゥエンティワン

『転職１年目の仕事術』

●徳間書店

『一度、手に入れたら一生モノの幸運をつかむ50の習慣』

千田琢哉著作リスト（2017年9月現在）

●アイバス出版

『一生トップで駆け抜けつづけるために20代で身につけたい勉強の技法』

『一生イノベーションを起こしつづけるビジネスパーソンになるために20代で身につけたい読書の技法』

『1日に10冊の本を読み3日で1冊の本を書く ボクのインプット&アウトプット法』

『お金の9割は意欲とセンスだ』

●あさ出版

『この悲惨な世の中でくじけないために20代で大切にしたい80のこと』

『30代で逆転する人、失速する人』

『君にはもうそんなことをしている時間は残されていない』

『あの人と一緒にいられる時間はもうそんなに長くない』

『印税で１億円稼ぐ』

『年収1,000万円に届く人、届かない人、超える人』

『いつだってマンガが人生の教科書だった』

●朝日新聞出版

『仕事の答えは、すべて「童話」が教えてくれる。』

●海竜社

『本音でシンプルに生きる!』

『誰よりもたくさん挑み、誰よりもたくさん負けろ!』

『一流の人生 ― 人間性は仕事で磨け!』

●学研プラス

『たった２分で凹みから立ち直る本』

『たった2分で、決断できる。』

『たった2分で、やる気を上げる本。』

『たった2分で、道は開ける。』

『たった2分で、自分を変える本。』

『たった2分で、自分を磨く。』

『たった2分で、夢を叶える本。』

『たった２分で、怒りを乗り越える本。』

『たった2分で、自信を手に入れる本。』

『私たちの人生の目的は終わりなき成長である』

『たった2分で、勇気を取り戻す本。』

『今日が、人生最後の日だったら。』

『たった2分で、自分を超える本。』

『現状を破壊するには、「ぬるま湯」を飛び出さなければならない。』

『人生の勝負は、朝で決まる。』

『集中力を磨くと、人生に何が起こるのか？』

『大切なことは、「好き嫌い」で決めろ!』

『20代で身につけるべき「本当の教養」を教えよう。』

『残業ゼロで年収を上げたければ、まず「住むところ」を変えろ!』

『20代で知っておくべき「歴史の使い方」を教えよう。』

●KADOKAWA

『君の眠れる才能を呼び覚ます50の習慣』

『戦う君と読む33の言葉』

●かんき出版

『死ぬまで仕事に困らないために20代で出逢っておきたい100の言葉』

『人生を最高に楽しむために20代で使ってはいけない100の言葉』

DVD『20代につけておかなければいけない力』

『20代で群れから抜け出すために顰蹙を買っても口にしておきたい100の言葉』

『20代の心構えが奇跡を生む【CD付き】』

●きこ書房

『20代で伸びる人、沈む人』

『伸びる30代は、20代の頃より叱られる』

『仕事で悩んでいるあなたへ 経営コンサルタントから50の回答』

●技術評論社

『顧客が倍増する魔法のハガキ術』

●KKベストセラーズ

『20代　仕事に躓いた時に読む本』

『チャンスを掴める人はここが違う』

『想いがかなう、話し方』

『君は、奇跡を起こす準備ができているか。』

『非常識な休日が、人生を決める。』

『超一流のマインドフルネス』

●永岡書店

『就活で君を光らせる84の言葉』

●ナナ・コーポレート・コミュニケーション

『15歳からはじめる成功哲学』

●日本実業出版社

『「あなたから保険に入りたい」とお客様が殺到する保険代理店』

『社長!この「直言」が聴けますか?』

『こんなコンサルタントが会社をダメにする!』

『20代の勉強力で人生の伸びしろは決まる』

『人生で大切なことは、すべて「書店」で買える。』

『ギリギリまで動けない君の背中を押す言葉』

『あなたが落ちぶれたとき手を差しのべてくれる人は、友人ではない。』

●日本文芸社

『何となく20代を過ごしてしまった人が30代で変わるための100の言葉』

●ぱる出版

『学校で教わらなかった20代の辞書』

『教科書に載っていなかった20代の哲学』

『30代から輝きたい人が、20代で身につけておきたい「大人の流儀」』

『不器用でも愛される「自分ブランド」を磨く50の言葉』

『人生って、それに早く気づいた者勝ちなんだ!』

『挫折を乗り越えた人だけが口癖にする言葉』

『常識を破る勇気が道をひらく』

『読書をお金に換える技術』

『人生って、早く夢中になった者勝ちなんだ!』

『人生を愉快にする! 超・ロジカル思考』

『こんな大人になりたい!』

『器の大きい人は、人の見ていない時に真価を発揮する。』

●ＰＨＰ研究所

『「その他大勢のダメ社員」にならないために20代で知っておきたい100の言葉』

『好きなことだけして生きていけ』

『お金と人を引き寄せる50の法則』

『人と比べないで生きていけ』

『たった１人との出逢いで人生が変わる人、10000人と出逢っても何も起きない人』

『友だちをつくるな』

『バカなのにできるやつ、賢いのにできないやつ』

『持たないヤツほど、成功する!』

『その他大勢から抜け出し、超一流になるために知っておくべきこと』

『図解「好きなこと」で夢をかなえる』

『仕事力をグーンと伸ばす20代の教科書』

『君のスキルは、お金になる』

『もう一度、仕事で会いたくなる人。』

●藤田聖人

『学校は負けに行く場所。』

『偏差値30からの企画塾』

『「このまま人生終わっちゃうの?」と諦めかけた時に向き合う本。』

●マネジメント社

『継続的に売れるセールスパーソンの行動特性88』

『存続社長と潰す社長』

『尊敬される保険代理店』

●三笠書房

『「大学時代」自分のために絶対やっておきたいこと』

『人は、恋愛でこそ磨かれる』

『仕事は好かれた分だけ、お金になる。』

『1万人との対話でわかった 人生が変わる100の口ぐせ』

『30歳になるまでに、「いい人」をやめなさい!』

●リベラル社

『人生の9割は出逢いで決まる』

『「すぐやる」力で差をつけろ』

千田琢哉（せんだ・たくや）

文筆家。

愛知県犬山市生まれ、岐阜県各務原市育ち。東北大学教育学部教育学科卒。日系損害保険会社本部、大手経営コンサルティング会社勤務を経て独立。コンサルティング会社では多くの業種業界における大型プロジェクトのリーダーとして戦略策定からその実行支援に至るまで陣頭指揮を執る。のべ3,300人のエグゼクティブと10,000人を超えるビジネスパーソンたちとの対話によって得た事実とそこで培った知恵を活かし、“タブーへの挑戦で、次代を創る”を自らのミッションとして執筆活動を行っている。

著書は本書で146冊目。ホームページ：http://www.senda-takuya.com/

本気で勝ちたい人は「やってはいけない」ポイント

一発狙わない。

年齢のせいにしない。

お金のことを忘れて、仕事に没頭する人にお金は一極集中する

〝かわいげ〟の蓄積が依怙贔屓をされるか否かの決定打になる。

あなたが最高に輝く方法は、授かった才能をより高みを目指して磨き続けること。

すべてを全力で頑張らない。

世の中には必ず上には上がいる。

敗因の分析から逃げない。

すぐに結果が出ることだけをやらない。

「誰のためにこの仕事をしているのか」をハッキリさせる。

「結果を出し続けている人」から学ぶ。

名刺交換した相手には、お礼状を書く。

一度「これで行くぞ！」と決めたら中断癖をつけない。

賞味期限切れの人と安易に付き合わない。

今から勉強しても追いつけないかもしれないが、勉強しないと差はますます広がるばかり。

面白い仕事だけを選ばない。

人脈というのは教養が同レベルでなければ構築・継続できない。

過去の栄光を語りたくなったら、グッと堪えて行動に移す

淡々とヒットを打ち続けて、とにかく確実に塁に出る。

「役割」を果たせば、いい結果が出やすい。

抱え込まない。考え込まない。

本気でアドバイスを受けるなら相応のお金を払うべき。

迷った選択肢でどちらを選んでも「ないものねだり」で必ず後悔する。

受けた啓示を活かすためには、あらゆる言い訳を乗り越えて即行動に移す。

人は執着を手放した瞬間、そこに神が宿る。

今自分が歩んでいる人生をこよなく愛する。

〝さげまん〟とは今すぐ絶縁すべし。

お互いに自
注意を払って愛を維持していこうとする姿勢こそが、真の愛

口約束を守れない人たちと絶縁する。

三流の分際でスピードと行動力のない人間は、誰からも応援してもらえない。

プロは普段の準備力が圧倒的に違う。

行き詰ったら思い切って手放す！

初歩と基礎を叩き込んでおけ
必ず仕事が面白くなる日が到来する。

苦労をし続けるのは、頭を使わないから。

人は言い訳を呑み込むと、ストレスというエネルギーになる。

巡ってきたチャンスの前では、遠慮しない。

面白くないことを面白くすることが仕事の醍醐味。

神頼みする前に、まずは成すべきことを成す。

挑戦！

やってごらん。

本気《ほんき》で勝《か》ちたい人《ひと》は
やってはいけない

2017年9月5日　第1刷

著　　者　千《せん》田《だ》琢《たく》哉《や》
発 行 者　小澤源太郎

責任編集　株式会社 プライム涌光
電話　編集部　03(3203)2850

発 行 所　株式会社 青春出版社
東京都新宿区若松町12番1号 〒162-0056
振替番号　00190-7-98602
電話　営業部　03(3207)1916

印　刷　中央精版印刷　　製　本　大口製本

万一、落丁、乱丁がありました節は、お取りかえします。
ISBN978-4-413-23051-3 C0030